NOUVEL AVIS DE L'ÉDITEUR (1)

— MAI 1852. —

Le décret du 26 mars 1852 a apporté des modifications essentielles à la législation criminelle de la marine.

Dans certains cas, des officiers supérieurs de troupe et des lieutenants de vaisseau, seront appelés à faire partie des conseils de guerre maritimes.

Un ou deux maîtres pourront être admis dans la composition des conseils de justice.

Les marins *embarqués* prévenus de désertion qui, jusqu'à présent, n'étaient jugés que dans les ports militaires, pourront l'être, à l'avenir, soit par les conseils de guerre permanents des colonies, soit par des tribunaux de même nature, qui seront formés dans les escadres ou divisions navales, lorsque la composition du personnel des officiers le permettra.

La compétence des tribunaux maritimes, relativement aux personnes, a été rétablie telle que l'avait fixée le décret d'institution du 12 novembre 1806.

L'abrogation des châtiments corporels a été maintenue, mais ils ont été remplacés par des peines plus efficaces que celle qui y avait été substituée par le décret du 12 mars 1848.

Enfin, les vols au-dessus de 6 francs commis dans les arsenaux et qui, depuis l'abolition du *carcan*, n'entraînaient que des peines souvent illusoires, seront punis d'un emprisonnement de 6 mois à 2 ans.

Ces diverses modifications font la matière de l'*Appendice* que nous publions, et dans lequel nous avons

(1) Le présent avis doit remplacer celui qui est en tête du *Guide des Conseils de guerre et de justice* publié en 1841.

compris toutes les lois qui se rapportent au décret du 26 mars 1852, on y joignant quelques formules pour la rédaction des jugements des conseils de guerre permanents et des conseils de révision.

Dans les diverses parties du commentaire, le lecteur tiendra compte des changements indiqués ci-dessus et ceux résultant du décret du 15 août 1851, qui a remplacé l'ordonnance du 31 octobre 1827, sur le service à la mer.

L'ouvrage entier se trouve maintenant ainsi divisé :

1° *Commentaire*, page 9.

2° *Organisation des conseils de guerre et de justice*, *compétence et procédure*, page 81.

3° *Dispositions pénales maritimes*, page 111.

4° *Code pénal ordinaire*, page 157.

5° *Désertion*, page 257.

6° *Arrêts de la cour de cassation*, *dépêches ministérielles*, page 291.

7° *Formules des actes qui se rapportent aux opérations des conseils de guerre maritimes et des conseils de justice*, page 351.

8° *Table analytique*, page 398.

9° *Appendice* (1), page 411.

10° *Formules des jugements rendus par les conseils de guerre permanents des escadres et divisions navales* et *par les conseils de révision*, page 451.

(1) A placer à la fin du *Guide,* à la suite de la table analytique.

GUIDE

DES

CONSEILS DE GUERRE

ET DE JUSTICE

A BORD

DES BATIMENTS DE L'ETAT.

APPENDICE.

TOULON,

L. LAURENT, LIBRAIRE-ÉDITEUR.

—

Mai 1852.

Toulon. — Impr. de L. **LAURENT**,
Sur le Port.

APPENDICE.

DECRET

*Portant modifications dans le régime de la
Justice maritime.*

Du 26 mars 1852.

~~~~~~~~

LOUIS-NAPOLÉON , Président de la République française ,

Vu la loi du 22 août 1790 [1] ;

Vu le décret du 16 nivôse an II (5 janvier 1794) [2] ;

Vu la loi du 13 brumaire an V (3 novembre 1796) [3] ;

Vu l'arrêté du 5 germinal et 1er floréal an XII (26 mars et 21 avril 1804) [4] ;

Vu le décret impérial du 22 juillet 1806 [5] ;

[1] P. 111. du *Guide des conseils de guerre et de justice,* édit. de 1841.

[2] P. 133, id.

[3] Loi qui a institué les conseils de guerre permanents des divisions militaires, et en vertu de laquelle ont été établis les Conseils de guerre permanents des arrondissements maritimes et des colonies. Page 426. ci-après.

[4] P. 258 dn *Guide*, édit. de 1841.

[5] P. 81, id.
~~~~~~~~

Vu l'ordonnance du 22 mai 1816 [1] ;
Vu le décret impérial du 16 février 1807 [2] ;
Vu la loi du 12 octobre 1791 [3] ;
Vu le décret impérial du 12 novembre 1806 [4];
Vu le décret du 12 mars 1848 [5] ;

Considérant que des difficultés se produisent fréquemment pour la composition des conseils de justice et des conseils de guerre à bord des bâtiments de la flotte ;

Considérant qu'il y a lieu, notamment, d'assurer sur ces bâtiments en cours de campagne, la répression des faits de désertion ;

Considérant que les peines corporelles de trois sortes et d'une application distincte ont été remplacées par une seule et même peine, et qu'il importe de rétablir, sous ce rapport, une utile graduation en les remplaçant par une pénalité mieux appropriée aux nécessités de la discipline et du service à bord que celle résultant du décret ci-dessus visé du 12 mars 1848 :

Considérant que divers arrêts, en enlevant aux tribunaux maritimes une partie essentielle de leur compétence, ont porté une grave attein-

1 P. 278 du *Guide*, édit. de 1841.
2 Voir ce décret page 446 ci après.
3 P. 128 du *Guide*.
4 Décret portant création des tribunaux maritimes.
5 Décret qui a aboli les peines corporelles et les a remplacées par un emprisonnement au cachot de 4 jours à un mois.

le à la répression des délits et crimes commis dans les arsenaux maritimes, et qu'il est urgent d'y remédier ;

Considérant, enfin, que la force de la marine dépend essentiellement de la discipline , de la bonne administration de la justice et de l'action énergique du commandement ;

Sur le rapport du ministre secrétaire d'Etat de la marine et des colonies ;

Le conseil d'amirauté entendu ,

DÉCRÈTE :

ARTICLE PREMIER.

Dans le cas où sur un bâtiment naviguant isolément, il ne se trouvera pas le nombrs d'officiers suffisant pour composer le *Conseil de justice* selon les prescriptions de l'article 23 du décret du 22 juillet 1806, il y sera suppléé en appelant à faire partie dudit conseil un ou deux officiers mariniers [1].

---

[1] Cet article maintient le principe que les conseils de justice doivent être composés de *cinq officiers*. Si le personnel de l'état-major du bâtiment auquel appartient le prévenu ne comporte pas ce nombre , il faut, comme par le passé, le compléter, en appelant des officiers des autres bâtiments de guerre présents sur les lieux. L'admission d'un ou de deux *officiers mariniers* , n'est autorisée que lorsque le bâtiment navigue isolément ; et si, comme cela peut arriver à bord des navires légers qui font le service local dans

Art . 2.

En cas d'insuffisance du nombre d'officiers supérieurs exigé par l'article 39 du décret précité pour la formation du *conseil de guerre,* il y sera suppléé en appelant : 1° des officiers supérieurs des troupes de la marine présents sur les lieux, soit à terre, soit à bord ; 2° des lieutenants de vaisseau nommés parmi les plus anciens officiers de ce grade.

Toutefois, la présidence du conseil ne pourra être dévolue qu'à un officier général de la marine ou à un capitaine de vaisseau, et trois juges, au moins, devront être officiers supérieurs.

Le rapporteur et quatre juges, au moins, devront toujours appartenir au corps des officiers de vaisseau [1].

les colonies ou celui de garde-pêche ou de garde-côte, il n'y a pas au moins 3 officiers, il faudra attendre la rencontre d'un autre bâtiment, car dans aucun cas , il ne peut entrer dans la composition d'un conseil de justice plus de 2 officiers mariniers.

1 L'article 39 du décret du 22 juillet 1806 veut que le conseil de guerre maritime soit composé de huit juges, au moins, y compris le président, et qu'on les prenne parmi les officiers-généraux et les plus anciens capitaines de vaisseau ou de frégate. Le décret actuel autorise , en cas d'insuffisance , à admettre, dans la composition du conseil, des officiers supérieurs des troupes de la marine. Ce cas ne se présentera que très-rarement dans les 5 ports militaires où il sera toujours facile de trouver le nombre néces-

Art. 3.

Les conseils de guerre permanents établis dans les colonies connaîtront du délit de désertion imputé à des marins *embarqués*, et, dans ce cas, la composition desdits conseils sera modifiée ainsi qu'il est prescrit par l'article 5 de l'ordonnance du 22 mai 1816, pour les conseils de guerre permanents des ports [1].

saire d'officiers supérieurs de vaisseau; mais, en mer, où il y a quelquefois, à bord des bâtiments, des officiers supérieurs de troupe, passagers, et surtout dans les colonies, à terre, cette disposition modificative pourra fréquemment recevoir son application.

On n'appellera les lieutenants de vaisseau à siéger comme juges que lorsque la liste des officiers supérieurs présents aura été épuisée, et que ceux-ci seront au nombre de quatre au moins.

Le décret de 1806 ne déterminant pas le grade du rapporteur, le commandant en chef peut désigner, pour remplir ces fonctions, indistinctement un officier supérieur ou un lieutenant de vaisseau.

1 L'ordonnance du 22 mai 1816 (page 278) avait établi des conseils de guerre permanents, pour le jugement des marins déserteurs, seulement dans les 5 ports militaires; il en résultait que lorsqu'un marin embarqué se rendait coupable de désertion, même dans les parages les plus éloignés, il fallait absolument le renvoyer en France, pour être jugé; de là des embarras qui souvent, à cause de l'impossibilité de trouver une occasion favorable pour la complète exécution de la loi, donnaient lieu à une sorte d'impunité.

D'après l'article 3 du décret, les conseils de guerre

Il sera formé sur les escadres ou divisions navales, lorsque la composition du personnel le
permettra, des *conseils de guerre permanents et*

permanents des colonies pourront, à l'avenir, procéder au jugement des marins prévenus de désertion,
mais on devra se conformer pour la composition de
ces conseils aux dispositions de l'article 5 de l'ordonnance précitée, qui prescrivent de choisir le rapporteur, le commissaire du gouvernement, et au moins
quatre juges parmi les officiers de marine. Ici se présente une difficulté : la loi du 13 brumaire an V ve
expressément que les membres des conseils de guerre
permanens soient nommés pour un temps indétermi-
né, et non pour statuer seulement sur le compte de tel
ou de tel individu, qu'il y ait, en un mot, comme l'in-
dique le titre, *permanence* dans les fonctions. (Voir
les articles 4 et 5 de la loi du 13 brumaire an V,
page 427). C'est ainsi que, dans les ports militaires,
deux lieutenants de vaisseau dont un rapporteur e
l'autre commissaire du gouvernement, sont attachés,
à poste fixe, à chaque conseil de guerre permanent,
pour le jugement des marins ; il en est de même des
quatre juges pris parmi les officiers de vaisseau, lesquels ne sont remplacés que lorsque les besoins du
service l'exigent impérieusement. Pourra-t-on appliquer cet état de choses aux conseils de guerre
permanents des colonies, là où il n'y a pas, comme
dans les ports militaires, un certain nombre d'officiers de marine à terre ? Cela nous paraît fort dou-
teux, car, afin d'obéir sur ce point aux prescriptions
de la loi, il faudrait, dans chaque colonie, pour la
composition des deux conseils de guerre et du conseil de révision, au moins 15 officiers. Cette difficulté
ne peut disparaître qu'en renonçant au principe de
la permanence.

un conseil de révision pour connaître des faits de désertion, quand ils ne pourront être jugés à terre. Ces conseils seront composés comme il est prescrit par l'ordonnance précitée du 22 mai 1816, ou, à défaut, d'un nombre suffisant d'officiers des grades déterminés par le décret impérial du 16 février 1807 [1].

1 Evidemment, aux termes de ce paragraphe, lorsque l'escadre ou la division navale se trouvera en rade d'un port militaire ou d'une colonie, il n'y aura pas lieu de faire juger les marins déserteurs par les conseils de guerre permanents de bord, alors même que l'état du personnel des officiers aurait permis de former ces tribunaux dans le cours de la navigation ; ces déserteurs seront forcément traduits devant les conseils de guerre permanents de terre.

Le paragraphe que nous examinons autorise une modification très importante, en ce qui concerne la composition des conseils de guerre permanents et de révision qui auront à fonctionner dans une escadre ou division navale, à la mer : c'est celle qui consiste à faire remplacer les officiers des grades que détermine l'ordonnance du 22 mai 1816 par des officiers de grades inférieurs, ce que ne permettait pas cette ordonnance. En laissant une pareille latitude au commandant supérieur, il sera possible d'organiser les deux conseils de guerre permanents et celui de révision, pourvu qu'on ait 3 officiers supérieurs pour présider chacun de ces conseils. On trouvera page 446 le décret du 16 février 1807.

Nous n'avons pas besoin de faire observer que quoiqu'il ne soit pas question dans l'article 2 de l'ordonnance du 22 mai 1816, des officiers des régiments d'infanterie de marine qui n'existaient pas à cette époque, ces officiers n'en doivent pas moins être com-

Aux termes de l'article 7 de l'ordonnance de 1816, les conseils de guerre permanents appelés à connaître du délit de désertion imputé à des marins *embarqués*, se conformeront, soit à terre, soit à bord, pour la procédure comme pour la pénalité, aux dispositions de l'arrêté des 5 germinal et 1er floréal an XII [1].

pris parmi ceux qui sont aptes à faire partie des conseils de guerre permanents. Il en serait de même si d'autres corps de troupes venaient à être créés dans la marine.

1 Voir cet arrêté pages 258 et suivantes du *Guide*. Nous ferons observer, pour ce qui est de la pénalité, que les conseils de guerre permanents devront recourir, le cas échéant, au décret du 2 février 1812, page 275, et au décret du 4 mai 1812, page 277, qui forment le complément de l'arrêté des 5 germinal et 1er floréal an XII.

On remarquera, relativement à la procédure, qu'aux termes de l'article 27 de l'arrêté du 5 germinal an XII, p. 265, le jugement doit être rendu à la majorité absolue des voix (4 sur 7), mais qu'il existe un arrêt de la cour de cassation du 9 juin 1843, lequel, s'étayant des dispositions des articles 31 et 32 de la loi du 13 brumaire an V, p. 434, pose en principe que cinq voix sont absolument nécessaires, tant pour la déclaration de culpabilité que pour l'application de la peine. Il s'agissait, dans l'espèce, d'un matelot de 3e classe qui avait été condamné, à la majorité de 4 voix contre 3, par le 1er conseil de guerre maritime permanent du port de Cherbourg, à la peine de trois ans de boulet, pour désertion à l'étranger. La cour a annulé le jugement par le motif qu'il aurait fallu 5 voix pour prononcer légalement cette condamnation.

ART. 4.

La compétence des tribunaux maritimes établis par le décret impérial du 12 novembre 1806 est désormais fixée telle qu'elle a été réglée par le titre 2 dudit décret, ainsi conçu :

« Art. 10. Ces tribunaux connaîtront de tous
« les délits commis dans les ports et arsenaux,
« qui seront relatifs soit à leur police ou sûreté,
« soit au service maritime.

« Art. 11. Ils connaîtront de ces délits à l'é-
« gard de tous ceux qui en seraient auteurs, fau-
« teurs ou complices, encore qu'ils ne fussent
« pas gens de guerre ou attachés au service de
« la marine '.

« Art. 12. Les équipages des bâtiments en
« armement seront de même soumis à leur ju-
« ridiction pour les délits relatifs au service ma-

1 Depuis 1830, la compétence des tribunaux maritimes avait été tellement restreinte par le fait de la jurisprudence de la cour de cassation, que ces tribunaux n'avaient guères à juger que les ouvriers classés et les pirates, ce qui était en opposition ouverte avec leur décret d'institution du 12 novembre 1806. Aujourd'hui, d'après les dispositions de l'article 4, l'action des tribunaux maritimes, en tant que le fait sera relatif soit à la police ou sûreté des ports et arsenaux, soit au service maritime, non seulement embrassera tous les individus qui reçoivent une solde de la marine, n'importe à quel titre, mais elle s'étendra encore sur les militaires de l'armée de terre et sur les personnes appartenant à l'ordre civil.

« ritime commis jusqu'au moment de la mise en
« rade , et, au désarmement, depuis la rentrée
« dans le port jusqu'au licenciement de l'équi-
« page [1].

« Art. 13. Dans les cas où les délits commis
« dans les ports et arsenaux ne seront relatifs ni
« à la police ni à la sûreté desdits ports et arse-
« naux, ni au service maritime, les prévenus
« seront renvoyés devant les tribunaux qui en
« doivent connaître. »

Art. 5.

La police et la discipline des bâtiments de l'E-
tat appartiennent aux commandants de ces bâtiments, sous l'autorité du commandant supérieur.

Les peines de discipline applicables par les
officiers commandants, sont :

Le retranchement de vin ou eau-de-vie pendant huit jours au plus ;

Le piquet pendant huit jours au plus, et, chaque jour, pendant deux heures au plus ;

L'escouade de punition pendant huit jours au
plus, avec amarrage facultatif dans les haubans
ou échelles de revers, de deux à quatre heures
par jour ;

La consigne à bord, sans qu'elle puisse excéder dix tours de permission ;

1 Voir l'avant-propos, page 5 du *Guide*, édit. de 1841.

La suppression , pendant trois mois au plus , des suppléments de solde attribués à certaines fonctions, sans que ladite suppression dispense nécessairement l'homme de remplir ces mêmes fonctions ;

La prison ou la boucle simple pendant dix jours au plns, avec ou sans service, et avec ou sans vin ou eau-de-vie ;

Le cachot au pain et à l'eau pendant quatre jours au plus [1].

Les peines correctionnelles applicables par les conseils de justice [2], en remplacement des peines corporelles abolies par le décret du 12 mars 1848, sont :

1° En remplacement des coups de corde au cabestan [3],

1 Les diverses peines de discipline énoncées ci-dessus remplacent celles de l'article 1er, titre 2, de la loi du 22 août 1790, page 113 du *Guide*.

2 Toutes les peines correctionnelles ne seront pas appliquées seulement par les conseils de justice, il en est quelques-unes qui pourront l'être par les conseils de guerre permanents , en matière de désertion ; ce sont celles qui remplacent la bouline (article 37 de l'arrêté des 5 germinal et 1er floréal an XII. (Page 268 du *Guide,* édit. de 1841.)

3 La peine des coups de corde au cabestan était appliquée dans les cas prévus par les articles 14, page 116, 27, page 120, 30, page 121. 43. page 123, 45, page 124, 51, 52 et 54 page 125 du *Guide*.

Dix jours de cachot ou de double boucle [1] au pain et à l'eau ;

2° En remplacement de la cale [2],

L'inaptitude à l'avancement pendant un an, avec retenue de trois mois à six mois, du tiers de la solde intégrale pour les officiers mariniers et quartiers-maîtres, et du quart pour les autres personnes de l'équipage, et vingt jours de cachot ou de double boucle, au pain et à l'eau, de deux jours l'un, pendant toute la durée de la punition ;

3° En remplacement de la bouline [3],

L'inaptitude à l'avancement pendant un an, avec une retenue de six mois à un an, du tiers de la solde intégrale pour les officiers mariniers et quartiers-maîtres, et du quart pour les autres personnes de l'équipage, et trente jours de cachot ou de double boucle, au pain et à l'eau, comme il est dit au paragraphe précédent.

Le temps passé au cachot par suite de jugement ne sera pas compté dans la durée du service obligé.

1 On nomme boucle l'anneau où est passé le pied de l'homme qui a à subir, à bord, la punition dite des fers.

2 La peine de la cale était appliquée dans les cas prévus par les articles 15, page 116, 27 et 28, page 120, 29 et 31. page 121, 44, page 123, 45. page 124, 5, page 135, 6, page 136, 27, et 31, page 141 du *Guide*.

3 La peine de la bouline était appliquée dans les cas prévus par les articles 22, page 119, 43, page 123, 45 et 46, page 124, 53, page 125, et 37, page 268, id.

Art. 6.

En appliquant une des peines ci-dessus, le conseil de justice [1] pourra prononcer, en outre, contre le coupable, une ou plusieurs réductions de grade ou de classe, jusqu'au dernier grade ou jusqu'à la dernière classe des marins.

Art. 7.

La peine du carcan, applicable en vertu de l'article 3, titre III de la loi du 12 octobre 1791, est remplacée par un emprisonnement de six mois à deux ans, sans préjudice des peines accessoires mentionnées audit article [2].

Art. 8.

Sont et demeurent abrogées toutes dispositions contraires au présent décret.

Art. 9.

Le ministre secrétaire d'Etat de la marine et des colonies, est chargé de l'exécution du pré-

1 Voir ce qui est dit, à la note 2, page 423 de l'*appendice*, au sujet des conseils de guerre permanents.

2 Voir cet article page 129 du *Guide*.

sent décret, qui sera inséré au *Bulletin des Lois* et au *Bulletin officiel de la marine.*

Fait au palais des Tuileries, le 26 mars 1852.

Signé : LOUIS-NAPOLÉON.

Par le Prince-Président :

Le Ministre de la marine et des colonies,

Signé : Th. Ducos.

LOI

Qui règle la manière de procéder au jugement des délits militaires.

DU 13 BRUMAIRE AN V (3 novembre 1796).

ART, 1er Il sera établi pour toutes les troupes de la République, et jusqu'à la paix, un conseil de guerre permanent, dans chaque division d'armée , et dans chaque division de troupes employées dans l'intérieur, pour connaître et juger de tous les délits militaires.

2. Chaque conseil de guerre sera composé de sept membres, savoir :

D'un chef de brigade , lequel remplira toujours les fonctions de président,

D'un chef de bataillon ou chef d'escadron ,
De deux capitaines ,
D'un lieutenant ,
D'un sous-lieutenant et d'un sous-officier [1].

Un capitaine fera les fonctions de rapporteur.

Le greffier sera toujours au choix du rapporteur.

3. Il y aura toujours près le conseil de guerre un capitaine faisant les fonctions de commissaire du pouvoir exécutif, tant pour l'observation des formes que pour l'application et l'exécution de la loi.

4. Les membres du conseil de guerre, le rapporteur et le capitaine chargé des fonctions de commissaire du pouvoir exécutif, seront nommés par le commandant en chef de la division ; en cas d'empêchement légitime de quelqu'un de ses membres, il sera pourvu à son remplacement par le commandant.

5. Le commandant en chef de chaque division est autorisé à changer tout ou partie des membres du conseil de guerre, lorsqu'il le croira nécessaire pour le bien du service : ce changement ne pourra néanmoins avoir lieu pour le jugement d'un délit à raison duquel le prévenu sera arrêté ou l'information commencée.

[1] La loi du 13 brumaire an V n'a point fixé l'âge des membres des conseils de guerre permanents. Un arrêt de la cour de cassation , du 24 juin 1842, porte qu'ils doivent, à peine de nullité, être âgés de 25 ans accomplis.

6. A moins de maladie bien constatée, aucun officier ou sous-officier, nommé membre du conseil de guerre, ne pourra refuser sa nomination, sous peine d'être destitué et puni de trois mois de prison ; le conseil de guerre sera compétent pour prononcer cette peine, dont l'application se fera sur l'ordre par écrit du président, qui sera tenu d'en rendre compte au ministre de la guerre.

7. Les parents et alliés au degré prohibé par la Constitution, ne peuvent être membres du même conseil de guerre [1].

8. Aucun parent du prévenu au degré prohibé par la Constitution, ne siégera comme juge au conseil de guerre ; dans ce cas, il sera momentanément pourvu à son remplacement [2].

9. Nul ne sera traduit au conseil de guerre, que les militaires, les individus attachés à l'armée et à sa suite, les embaucheurs, les espions et les habitants du pays ennemi occupé par les armées de la République, pour les délits dont la connaissance est attribuée au conseil de guerre.

10. Sont seuls réputés attachés à l'armée et

1 Les degrés prohibés s'étendent jusqu'aux cousins au premier degré (cousins germains) inclusivement, aux termes de la Constitution de l'an III, article 207.

2 Même observation que ci dessus.

à sa suite, et comme tels, justiciables du conseil de guerre :

1° Les voituriers, charretiers, muletiers et
conducteurs de charrois, employés au transport
de l'artillerie, bagages, vivres et fourrages de
l'armée, dans les marches, camps, cantonnements, et pour l'approvisionnement des places
en état de siége ;

2° Les ouvriers suivant l'armée ;

3° Les gardes-magasins d'artillerie, ceux des
vivres et fourrages, pour les distributions, soit
au camp, soit dans les cantonnements, soit dans
les places en état de siége ;

4° Tous les préposés aux administrations
pour le service des troupes ;

5° Les secrétaires-commis et écrivains des
administrateurs, et ceux des états-majors ;

6° Les agents de la trésorerie près les armées ;

7° Les commissaires des guerres ;

8° Les individus chargés de l'établissement
et de la levée des réquisitions pour le service
ou approvisionnement des armées, et ceux préposés à la répartition et perception des contri-
butions militaires ;

9° Les médecins, chirurgiens et infirmiers
des hôpitaux militaires et ambulances ; les aides
ou élèves des chirurgiens desdits hôpitaux et
ambulances ;

10° Les vivandiers, munitionnaires et bou-
langers de l'armée ;

11° Les domestiques au service des officiers et des employés à la suite de l'armée.

11. Tout justiciable du conseil de guerre, prévenu d'un délit militaire, sera mis aussitôt en état d'arrestation sous la garde d'une force suffisante, qui en répondra.

12. L'officier supérieur commandant sur le lieu, qui, par voie de plainte, notoriété publique ou autrement, aura connaissance certaine d'un délit commis par un militaire ou autre justiciable du conseil de guerre, ordonnera sur-le-champ au capitaine faisant les fonctions de rapporteur, de recevoir la plainte, s'il en est fait une, de faire sur-le-champ l'information, d'entendre les témoins, d'interroger le prévenu, et de lui rendre compte. A défaut de plainte, il sera également procédé à l'information.

13. Après avoir reçu la plainte, le rapporteur recevra la déposition des témoins; s'il y a des preuves matérielles du délit, il les constatera. Les témoins signeront leurs déclarations; s'ils ne savent signer, il en sera fait mention.

Dans le cas où les témoins refuseraient de déposer ou de signer leur déposition, il sera passé outre à l'interrogatoire du prévenu.

14. Pour l'information, comme pour le reste de la procédure jusqu'au jugement définitif, le rapporteur se fera aider du greffier.

15. Après avoir constaté le corps et les circonstances du délit, et reçu la déposition des té-

moins, il interrogera le prévenu sur ses nom, prénoms, âge, lieu de naissance, profession et domicile, et sur les circonstances du délit ; s'il y a des preuves matérielles du délit, elles seront représentées au prévenu, pour qu'il ait à déclarer s'il les reconnaît.

16. S'il y a plusieurs prévenus du même délit, chacun d'eux sera interrogé séparément.

17. L'interrogatoire fini, il en sera donné lecture au prévenu, afin qu'il déclare si ses réponses ont été fidèlement transcrites, si elles contiennent vérité et s'il y persiste, auquel cas il signera ; s'il ne peut ou ne veut signer, il en sera fait mention, et l'interrogatoire sera clos par la signature du rapporteur et celle du greffier. Il sera pareillement donné lecture au prévenu du procès-verbal d'information.

18. Les interrogatoires et réponses des prévenus du même délit, seront inscrits de suite sur un seul et même procès-verbal, et séparés seulement par leurs signatures et celles du rapporteur et du greffier.

19. Après avoir clos l'interrogatoire, le rapporteur dira au prévenu de faire choix d'un ami pour défenseur.

Le prévenu aura la faculté de choisir ce défenseur dans toutes les classes des citoyens présents sur les lieux : s'il déclare qu'il ne peut faire ce choix, le rapporteur le fera pour lui.

20. Dans aucun cas, le défenseur ne pourra retarder la convocation du conseil de guerre,

21. Il sera donné au défenseur communication du procès-verbal d'information , de l'interrogatoire subi par le prévenu , et de toutes les pièces tant à charge qu'à décharge envers ledit prévenu.

22. Le rapporteur rendra compte aussitôt à l'officier-commandant, de l'état de la procédure; et sur-le-champ ledit officier-commandant convoquera le conseil de guerre , qui se tiendra toujours au lieu indiqué par le président.

23. Le conseil de guerre , une fois assemblé, ne pourra désemparer avant que les prévenus pour lesquels il aura été convoqué ne soient définitivement jugés.

24. Les séances du conseil de guerre seront publiques, mais le nombre des spectateurs ne pourra excéder le triple de celui des juges; ils ne pourront entrer avec armes, cannes ni bâtons; ils s'y tiendront chapeau bas et en silence; et si quelqu'un d'entre eux s'écartait du respect dû au tribunal, le président pourra le reprendre, et le condamner à garder prison jusqu'au terme de quinze jours , suivant la gravité du fait.

25. Le conseil étant assemblé , le président fera apporter et déposer devant lui , sur le bureau, un exemplaire de la loi : le procès-verbal fera mention de cette formalité indispensable. Il demandera ensuite au rapporteur la lecture du procès-verbal d'information, et celle des pièces à charge comme à décharge envers le prévenu.

26. Lecture faite du procès-verbal et des pièces, le président ordonnera que l'accusé soit amené devant le conseil : l'accusé paraîtra devant ses juges, libre et sans fers, accompagné de son défenseur ; l'escorte restera en dehors de la salle du conseil, ou elle y sera introduite, selon que le président en ordonnera.

27. Le président interrogera l'accusé, lequel répondra par lui ou par son défenseur, excepté sur les questions auxquelles il sera interpellé de répondre personnellement.

Les membres du conseil pourront faire faire des questions à l'accusé.

28. Si la partie plaignante se présente au conseil, elle y sera admise et entendue ; elle pourra faire ses observations, auxquelles l'accusé répondra ou son défenseur pour lui ; après quoi le président demandera à l'accusé et à son défenseur s'ils n'ont rien à ajouter pour leur défense ; sur leur réponse négative, il leur ordonnera de se retirer : l'accusé sera reconduit à la prison par son escorte.

29. Le président demandera aux membres du conseil s'ils ont des observations à faire ; sur leur réponse, et avant d'aller aux opinions, il ordonnera que tout le monde se retire : les membres du conseil opineront à huis clos, en présence seulement du capitaine faisant les fonctions de commissaire du pouvoir exécutif.

30. Le président posera la question ainsi qu'il

suit : *N..... accusé d'avoir commis tel délit, est-il coupable?* [1]

Il recueillera les voix, en commençant par le grade inférieur : il émettra son opinion le dernier.

31. Dans le cas où trois membres du conseil déclareraient que l'accusé n'est pas coupable, il sera mis sur-le-champ en liberté, et rendu à ses fonctions [2].

32. Si le conseil déclare, à la majorité de cinq voix, que l'accusé est coupable, l'officier faisant les fonctions de commissaire du pouvoir exécutif requerra l'application de la peine prononcée par la loi contre le délit; le président lira le texte de la loi, et prendra l'avis des juges pour l'application de la peine, qui sera déterminée par la majorité de cinq voix.

33. Dans le cas où la majorité de cinq voix ne se réunirait pas pour l'application de la peine, l'avis le plus favorable à l'accusé sera adopté.

34. Les opinions ainsi recueillies, le président fera rouvrir la porte du conseil; le rapporteur et le greffier reprendront leur place.

35. Le président, après avoir rendu à haute voix et fait inscrire au procès-verbal la décision du conseil sur la culpabilité de l'accusé, lira de

1 Le président posera d'abord les questions relatives au fait principal, ensuite, s'il y a lieu, les questions relatives aux circonstances aggravantes.

2 Voir la note 1, page 420, à l'*Appendice.*

nouveau le texte de la loi, et appliquera le peine prononcée par le conseil.

36. Le jugement de condamnation ainsi prononcé, le président ordonnera au rapporteur de faire ses diligences pour qu'il soit mis de suite à exécution.

Le greffier, en présence du conseil, écrira le jugement motivé au pied du procès-verbal, qui sera ensuite clos et signé de tous les membres du conseil, du rapporteur et dudit greffier.

37. Dans le cas prévu par l'article 31 ci-dessus, le procès-verbal sera terminé par le renvoi ou la décharge d'accusation et la mise en liberté du prévenu, clos et signé comme il vient d'être dit.

38. Le rapporteur, muni de la copie du jugement, ira de suite en faire lecture à l'accusé, en présence de la garde rassemblée sous les armes. Aussitôt après cette lecture, le rapporteur se rendra auprès de l'officier-commandant; il lui donnera communication de la sentence, et le requerra, au nom du conseil, de donner les ordres sur-le-champ pour le lieu et l'heure de l'exécution, et le nombre d'hommes en armes qui devra s'y trouver.

39. Dans les trois jours qui suivront l'exécution, le rapporteur sera tenu de faire passer copie certifiée du jugement de chaque condamné, au conseil d'administration du corps dont il faisait partie, afin qu'il soit pourvu de suite à sa

radiation définitive de tout état et contrôle de solde, masse, fournitures et décompte.

40. La minute de toutes les procédures instruites et des jugements rendus en conséquence par le conseil de guerre, sera inscrite sur un registre coté et paraphé avec soin, dont le président restera dépositaire. Il sera envoyé au commencement de chaque mois, par le président, au ministre de la guerre, copie certifiée de tous les jugements rendus par le conseil de guerre pendant le mois précédent.

41. Dans la quinzaine de la réception des copies des jugements dont l'envoi est prescrit par l'article précédent, le ministre de la guerre sera tenu de les notifier aux municipalités du domicile des condamnés, et de s'en faire accuser, par les agens municipaux, la réception et notification aux familles desdits condamnés.

42. A dater de la publication de la présente loi, les conseils et commissions militaires établis en vertu de la loi du second jour complémentaire de l'an III, seront et demeureront supprimés.

LOI

Portant établissement des Conseils permanents pour la révision des jugements des conseils de guerre [1].

Du 18 vendémiaire an VI (9 octobre 1797).

Art. 1er. Il sera établi, pour toutes les troupes de la République, un conseil de révision permanent, dans chaque division d'armée, et dans chaque division de troupes, employée dans l'intérieur.

1 D'après le 3e paragraphe de l'article 3 du décret du 26 mars 1852, page 417, les conseils de guerre permanents doivent procéder au jugement des marins *embarqués*, prévenus de désertion, conformément aux dispositions de l'arrêté des 5 germinal et 1er floréal an XII, page 258 et suivantes, mais le décret ne fait aucune mention du mode de procéder qui doit être suivi par le conseil de révision. L'article 10 de l'ordonnance du 22 mai 1816, page 283, prescrit de recourir, sur ce point, à la loi du 18 vendémiaire an VI. Comme à bord des bâtiments, on est rarement pourvu d'un recueil de la législation militaire, il nous a paru nécessaire d'insérer ici cette loi qui trace les règles à suivre pour la révision des jugements. On trouvera, page 445 ci-après, les articles 8 et 9 de la loi du 15 brumaire an VI, qui déterminent les délais pendant lesquels l'accusé et le commissaire du gouvernement peuvent se pourvoir en révision.

2. Le conseil de révision sera composé de cinq membres, savoir :

D'un officier général, qui présidera ;

D'un chef de brigade ;

D'un chef de bataillon ou d'escadron ;

De deux capitaines,

Et d'un greffier, qui sera au choix du président.

Le rapporteur sera pris parmi les membres du conseil et choisi par eux.

3. Il y aura près le conseil de révision un commissaire-ordonnateur, ou un commissaire ordinaire des guerres de la première classe, faisant les fonctions de commissaire du pouvoir exécutif.

4. Les généraux d'armée, les généraux ou commandants en chef des divisions de troupes dans l'intérieur, nommeront, chacun dans leur commandement respectif, les membres du conseil de révision, ainsi que le commissaire-ordonnateur ou ordinaire des guerres chargé d'y remplir les fonctions de commissaire du pouvoir exécutif.

Ils demeurent également autorisés à pourvoir au remplacement momentané de ceux des membres du conseil qui se trouveraient empêchés par des motifs légitimes.

5. A défaut d'un nombre suffisant d'officiers admissibles au conseil de révision dans une division de troupes, employée dans l'intérieur, le

commandant en chef de cette division demeure autorisé à y suppléer par des officiers de grades correspondants, retirés chez eux par suite de réforme ou suppression, et ayant servi dans la guerre de la liberté. Dans aucun cas, le commandant en chef de la division qui a nommé les membres du conseil de guerre, ne sera admis au conseil de révision.

6. Aucun militaire ne sera membre du conseil de révision, s'il n'est âgé de trente ans accomplis, s'il n'a fait trois campagnes devant l'ennemi, ou s'il n'a six ans de service effectif dans les armées de terre ou de mer.

7. Les dispositions des articles 6, 7 et 8 [1] de la loi du 13 brumaire an V, sont applicables aux membres du conseil de révision.

8. Nul ne pourra participer à la révision du jugement d'un conseil de guerre auquel son parent ou allié au degré prohibé [2] par l'article 207 de la Constitution, aura siégé comme juge. Dans ce cas, il sera momentanément remplacé, ainsi qu'il est prescrit par l'article 4 ci-dessus.

9. Le conseil de révision sera toujours convoqué par le président, et dans le local qu'il désignera.

10. Les séances du conseil de révision seront publiques ; mais le nombre des spectateurs ne

1 Voir ces articles page 428 de l'*Appendice*.
2 Jusqu'au degré de cousin germain inclusivement.

pourra excéder le triple de celui des juges ; ils s'y tiendront chapeau bas et en silence ; et si quelqu'un d'eux s'écartait du respect dû au conseil, le président pourra le reprendre, et le condamner à garder prison jusqu'au terme de quinze jours, suivant la gravité du fait.

11. Le conseil est chargé de reviser (sur la demande du directoire exécutif, ou celle des parties, par elles ou leurs défenseurs) les jugements rendus par les conseils de guerre établis par la loi du 13 brumaire, et ceux rendus par les conseils militaires depuis le 17 germinal an IV, qui n'auraient pas été soumis à la révision.

12. En cas qu'il n'existe pas de pourvoi de la part des parties, le commissaire du pouvoir exécutif pourra se pourvoir d'office ; cependant, en cas d'acquittement des prévenus, il n'aura que vingt-quatre heures de délai pour notifier son pourvoi au greffe du conseil de guerre.

13. Dans les vingt-quatre heures de la notification du pourvoi, le conseil de guerre enverra les pièces de la procédure, avec copie de son jugement, au président du conseil de révision, qui sera tenu de convoquer aussitôt les membres d ce conseil.

14. Le conseil de révision, une fois assemblé pour prononcer sur la validité d'un jugement, ne pourra désemparer avant d'avoir donné sa décision.

15. Les défenseurs des parties seront admis

au conseil, s'ils s'y présentent; ils pourront, après le rapport, faire toutes observations pertinentes; ensuite le commissaire du pouvoir exécutif fera ses réquisitions, auxquelles les défenseurs seront admis à faire des observations, s'ils le croient nécessaire, et le conseil procédera au jugement.

16. Le conseil de révision prononce à la majorité des voix l'annulation des jugements, dans les cas suivants :

1° Lorsque le conseil de guerre n'a point été formé de la manière prescrite par la loi :

2° Lorsqu'il a outrepassé sa compétence, soit à l'égard des prévenus, soit à l'égard des délits dont la loi lui attribue la connaissance ;

3° Lorsqu'il s'est déclaré incompétent pour juger un prévenu soumis à sa juridiction ;

4° Lorsqu'une des formes prescrites par la loi n'a point été observée, soit dans l'information, soit dans l'instruction ;

5° Enfin, lorsque le jugement n'est pas conforme à la loi dans l'application de la peine.

17. Le conseil de révision ne peut connaître du fond de l'affaire; mais il est tenu d'annuler le jugement, lorsqu'il est attaqué d'un des vices spécifiés en l'article précédent.

18. Si la nullité du jugement résulte du défaut de compétence, le conseil de révision renvoie le fond du procès au tribunal qui doit en connaître. Dans tout autre cas, il le renvoie au conseil de

guerre spécialement établi dans chaque division, ainsi qu'il est dit ci-après, pour qu'il y soit procédé à une nouvelle information et instruction.

19. Il sera établi, conformément à la loi du 13 brumaire an V, dans chaque division de troupes dans l'intérieur, un second conseil de guerre permanent, pour connaître et juger tous les délits militaires, en cas d'annulation des jugements par le conseil de révision de la division.

20. Les lois des 13 brumaire et 4 fructidor an V sont communes à ces conseils de guerre. L'article 5 de la présente loi leur est pareillement applicable.

21. Dans aucun cas, les membres des conseils de guerre établis par la loi du 13 brumaire, ne pourront se réunir, pour l'instruction de la procédure, avec ceux établis par la présente.

22. En cas de confirmation du jugement, le conseil de révision renvoie les pièces du procès, avec copie de sa décision, signée de tous ses membres, au conseil de guerre dont le jugement est confirmé, lequel est tenu d'en ponrsuivre l'exécution dans les délais et aux termes de la loi du 13 brumaire.

En cas d'annulation, l'envoi des pièces du procès et de la décision du conseil, se fait dans les vingt-quatre heures, au tribunal indiqué par l'article 19 ci-dessus. L'envoi de la décision seulement se fait tant au ministre de la guerre qu'au conseil de guerre dont le jugement est annulé.

La transmission des pièces et de la décision du conseil se fait par le rapporteur, auquel il doit être donné acte de la remise pour sa décharge.

23. Lorsqu'après une annulation, le second jugement sur le fond est attaqué par les mêmes moyens que le premier, la question ne peut plus être agitée au conseil de révision ; elle est soumise au corps législatif, qui porte une loi à laquelle le conseil de révision est tenu de se conformer [1].

[1] Des doutes s'étant élevés, en l'an XI, sur l'application de cet article, un avis du Conseil d'Etat du 5 germinal, même année, approuvé le 5 du même mois, par le premier Consul, intervint qui décida que l'organisation du corps législatif et le nouveau mode de formation de la loi ne permettant plus les référés au corps législatif, l'article 23 de la loi du 18 vendémiaire an VI avait été implicitement abrogé, et qu'en cas de second recours contre un jugement de conseil de guerre par les mêmes moyens de nullité, on devait suivre la marche tracée par l'article 1er de la loi du 29 prairial an VI. (Page 446 du *Guide*.)

Cette interprétation a été sanctionnée par trois arrêts de la cour de cassation des 18 août 1831, 8 décembre 1836 et 30 août 1838.

Ainsi, quand un second jugement rendu dans la même affaire aura été annulé par les mêmes motifs qui auront donné lieu à la cassation du premier, l'accusé sera renvoyé devant un troisième conseil de guerre. Quel sera ce troisième conseil de guerre dans une escadre ou division navale ? La loi du 29 prairial an VI prescrit de saisir le 1er conseil de guerre permanent d'une des divisions militaires les plus voisi-

24. Aucune décision ne sera prise par le conseil de révision, sans qu'au préalable le président n'ait fait apporter et déposer sur le bureau un exemplaire tant de la loi du 13 brumaire an V, que de celle qui statue sur la composition du conseil de guerre pour le jugement des officiers-généraux et autres, et de la présente. Le registre des séances constatera cette formalité indispensable, et il en sera fait mention sur les copies de la décision du conseil, à transmettre, soit au conseil de guerre, soit à un autre tribunal.

25. La décision du conseil de révision sera motivée.

26. Le directoire exécutif est chargé d'envoyer aux conseils de guerre et de révision des modèles de jugements et de décisions conformes aux dispositions de la loi du 13 brumaire et de la présente.

nes. Dans les ports militaires et dans les colonies, on peut très-bien, par analogie, appliquer cette disposition ; on renvoie à l'un des ports ou colonies les plus voisins ; mais à la mer, où trouver une autre escadre ou une autre division navale? Souvent il n'existe pas de seconde escadre, ou il faut parcourir une distance incommensurable pour arriver à une autre division. Nous pensons que, dans ce cas, et toutes les fois aussi qu'il s'agira d'un second jugement cassé par des motifs autres que ceux qui avaient amené l'annulation du premier, le seul parti à prendre sera de renvoyer l'accusé devant le 1er conseil de guerre permanent du port militaire ou de la colonie qui se trouvera le plus à proximité, à moins, toutefois. qu'il n'y ait une division navale plus rapprochée encore.

EXTRAIT

De la loi du 15 brumaire an VI
(5 novembre 1797 [1].)

ARTICLE 8.

Le délai pour se pourvoir en révision des jugements à rendre par les conseils de guerre, est de vingt-quatre heures, à partir de la lecture du jugement qui doit être faite par le rapporteur à l'accusé : passé ce délai, l'accusé ne peut plus être admis à se pourvoir.

Le rapporteur est tenu, après la lecture, d'avertir l'accusé de cette disposition, et d'en faire mention au pied du jugement.

ART. 9.

Le commissaire du pouvoir exécutif n'a également que vingt-quatre heures pour se pourvoir d'office, après le délai accordé à l'accusé.

1 Voir ce qui est dit à la note 25 page 437.

LOI

Relative à la nouvelle instruction des procès, en cas d'annulation de jugements rendus par des conseils de guerre.

Du 29 PRAIRIAL AN VI (17 juin 1798.)

Art. 1er. En cas d'annulation d'un jugement rendu par un conseil de guerre établi par l'article 19 de la loi du 28 vendémiaire dernier, le prévenu sera **renvoyé,** dans les trois jours, avec les pièces du procès et la décision du conseil de révision, devant le premier conseil de guerre d'une des divisions militaires les plus voisines, pour qu'il soit procédé à une nouvelle instruction.

2. La décision du conseil de révision désignera le conseil de guerre auquel le renvoi doit être fait [1].

DÉCRET IMPÉRIAL

Du 16 Février 1807 [2].

Art. 1er. Dans les divisions militaires de l'in-

1 Voir la note 1, page 443 de l'*Appendice.*
2 Voir la note 1, 2e §, page 419 de l'*Appendice.*

térieur où il ne se trouvera pas au chef-lieu un nombre suffisant d'officiers du grade prescrit par les lois et arrêtés, pour former les conseils de guerre et de révision permanents, on pourra, pour compléter ces tribunaux militaires, mettre à la place de chaque officier manquant, un officier de tout autre grade, pourvu qu'il ait au moins celui de sous-lieutenant.

Dans tous les cas, chacun de ces conseils ne pourra être présidé que par un officier supérieur.

CODE

D'instruction criminelle décrété le 27 nov. 1808.

Art. 364.

La cour prononcera l'absolution de l'accusé, si le fait dont il est déclaré coupable n'est pas défendu par une loi pénale [1].

1 Il y a une grande différence entre *l'absolution* et *l'acquittement.* L'homme *absous* est celui qui est déclaré avoir commis un fait non défendu par la loi pénale; l'homme *acquitté* est celui qui a été reconnu non coupable d'un fait que la loi punit.

Le principe posé dans l'article 364 doit être appli-

Art. 365.

En cas de conviction de plusieurs crimes ou

qué par tous les tribunaux de la marine aussi bien que par les cours d'assises et les tribunaux correctionnels. Donc, lorsqu'un tribunal maritime, un conseil de guerre permanent, un conseil de guerre maritime ou un conseil de justice aura déclaré un marin ou autre personne coupable d'avoir commis le fait incriminé, et que ce fait n'aura été prévu nulle part, soit dans la loi maritime, soit dans la loi militaire ou dans le code pénal ordinaire, il devra prononcer l'*absolution* de l'accusé. S'il en était autrement, le juge se mettrait à la place du législateur. Cette observation nous a été suggérée par plusieurs jugements qui ont été rendus à bord, contrairement à ce principe. On s'est étayé, pour justifier en quelque sorte l'application de certaines peines, des dispositions du décret du 1er mai 1812 qui avait été inséré dans un ancien recueil des lois pénales maritimes et qui portait que lorsque le fait ne serait prévu par aucune loi, les juges appliqueraient en leur âme et conscience, une des peines du code pénal, civil ou militaire, qui leur paraîtrait proportionnée au délit ; mais ce décret n'a plus aujourd'hui et depuis long-temps force de loi. La cour de cassation en a reconnu l'inconstitutionnalité dans ses arrêts du 21 mai 1847, du 16 mars et du 10 mai 1849. Qnelques conseils de guerre ou de justice ont même aggravé, dans certains cas prévus par la loi maritime, la position des accusés, en appliquant le décret du 1er mai 1812, parceque les peines édictées par cette loi ne leur paraissaient pas assez sévères. Les jugements rendus dans ces circonstances ont dû être déférés à la censure de la cour de cassation, et ils ont été annulés.

délits, la peine la plus forte sera seule prononcée [1].

[1] Nous insérons cet article en vue des conseils de
guerre et de justice, dont nous nous sommes occu-
pés dans la première partie de notre recueil, et non
des conseils de guerre permanents des escadres et
divisions navales qui, aux termes de l'article 3 du
décret du 26 mars 1852, page 417, ne peuvent connaître que du fait de désertion.
L'article 365 du Code d'instruction criminelle dé-
fend le cumul des peines. Il s'applique à toutes les
juridictions. Lorsqu'un individu comparaît devant
un tribunal comme accusé de plusieurs crimes ou
délits, si les juges reconnaissent l'existence de deux
ou d'un plus grand nombre de ces crimes ou délits,
ils examinent les dispositions pénales qui s'appliquent
à chacun d'eux, et ils prononcent la peine qui, d'après
la loi, est la plus grave. Ainsi, un marin convaincu
tout à la fois de vol d'effets appartenant à un parti-
culier et de vente d'effets d'habillement à lui four-
nis par l'Etat, devra être condamné de deux mois à
un an de prison, peine édictée pour ce dernier délit,
par l'article 6 de la loi du 15 juillet 1829, et qui est
plus forte que celle de dix jours de cachot ou de
double boucle applicable au vol, en vertu des dispositions de l'article 43 de la loi du 22 août 1790, et de
l'article 5 du décret du 26 mars 1852.

FORMULES.

Observations générales applicables seulement aux conseils de guerre permanents.

Soit qu'un jugement acquitte, soit qu'il condamne, le rapporteur ne doit le faire exécuter, dans toutes ses dispositions, que lorsque les délais accordés au condamné ou au commissaire du gouvernement, pour se pourvoir en révision, sont expirés; le rapporteur ne manquera pas de constater au bas du jugement le jour et l'heure de la lecture à l'accusé. [1]

JUGEMENT rendu par le (1ᵉʳ ou 2ᵉ) conseil de guerre permanent de l'escadre de...
ou de la division navale d.....

PORTANT CONDAMNATION.

AU NOM DU PRÉSIDENT DE LA RÉPUBLIQUE. [2]

Louis-Napoléon, Président de la République

[1] Les jugements rendus par les conseils de justice et les conseils de guerre maritimes doivent être exétés dans les vingt-quatre heures, sauf les exceptions mentionnées dans les dépêches ministérielles (Pages 315, 316 et 317 du *Guide*.)

[2] D'après l'article 7 de la Constitution du 14 janvier 1852, la justice se rend au nom du Président de la République.

française, à tous présents et à venir, salut : [1]
Le (1er ou 2e) conseil de guerre permanent de l'escadre de. . . . (ou de la division de. . .), séant à bord d. . . . ., a rendu le jugement suivant :
Cejourd'hui [2] . . . ., le (1er ou 2e) conseil de guerre permanent, créé par l'ordonnance du 22 mai 1816, et le décret du 26 mars 1852, et composé conformément à ladite ordonnance [3], de **MM.**

. . . . président.

. . . .

. . . .

. . . . } juges.

. . . .

. . . .

Monsieur. . . . faisant les fonctions de rapporteur, et monsieur. . . . remplissant celles de commissaire du gouvernement, tous nommés

1 Cette formule exécutoire est conforme aux prescriptions du décret du 13 mars 1852.

L'observation ci-dessus et celle qui précède s'appliquent à toutes les formules des jugements rendus par les conseils de justice et les conseils de guerre maritimes.—Voir les pages 354 et suivantes du *Guide*.

2 Nous ferons remarquer que ce paragraphe a été omis dans la formule du jugement du conseil de justice, page 354, ce qui a été probablement cause que beaucoup de jugements rendus par ce tribunal ne portent pas de date, bien qu'on eût pu s'apercevoir de l'omission par la finale de la formule.

3 Ajouter : Et *au décret du* 16 *février* 1807, si la composition du conseil de guerre permanent a été modifiée en vertu des dispositions de ce décret.

par monsieur le commandant en chef (de l'escadre ou de la division), assisté de monsieur. . ..,
greffier nommé par le rapporteur ;

Lesquels, aux termes des articles 7 et 8 de la
loi du 13 brumaire an V (3 novembre 1796), ne
sont parents ou alliés ni entre eux , ni du prévenu, aux dégres prohibés par les lois de l'Etat.

Le conseil, convoqué par l'ordre de monsieur
le commandant en chef, s'est réuni à bord du. . .
à l'effet de juger le nommé. . . , fils de. . .
et de. . . ., né le. . . ., à. . . ., département de. . . . ., domicilié, avant d'entrer au
service, à. . . . ., département d. . . . . . .,
taille d'un mètre. . . millimètres , cheveux et
sourcils. . ., front. . , yeux. . ., nez. . .,
bouche. . ., menton. . ., visage. . ., entré
au service le. . . . . .comme. . . . . ., accusé de désertion à. . . .

La séance publique ouverte, le président a fait
apporter par le greffier et déposer devant lui sur
le bureau un exemplaire des lois , arrêtés , dé-
crets , ordonnances et instructions relatifs à la
désertion ; il a demandé ensuite au rapporteur
la lecture de la plainte, du procès-verbal d'information , de l'interrogatoire et de toutes les pièces, tant à charge qu'à décharge envers l'accusé,
au nombre de. . . .

Cette lecture terminée, le président a ordonné
à la garde d'amener l'accusé, lequel a été intro-
duit, libre et sans fers, devant le conseil, accompagné de son défenseur officieux.

Interrogé par le président de ses noms , prénoms, âge, profession , lieu de naissance et domicile.

A répondu se nommer. . . être âgé de. . . ans, né à. . . ., département de. . . ., domicilié, avant d'entrer au service , à. . . . ., département d . ., alors.. . . de profession, actuellement. . . . . . .

Après avoir donné connaissance à l'accusé des faits à sa charge, lui avoir fait prêter interrogatoire par l'organe du président, avoir entendu séparément les témoins à charge qui lui ont été publiquement confrontés (s'il en existe), et qui préalablement ont décliné leurs noms, prénoms, âge , profession et domicile , et ont prêté serment de parler sans haine et sans crainte, de dire la vérité, toute la vérité, et rien que la vérité, en levant la main droite et en prononçant ces mots : *Je le jure.*

Ouï le rapporteur dans son rapport et ses conclusions, et l'accusé dans ses moyens de défense, tant par lui que par son défenseur officieux , lesquels ont déclaré l'un et l'autre n'avoir rien à y ajouter , le président a demandé aux membres du conseil s'ils avaient des observations à faire : sur leur réponse négative , le président, au nom et de l'avis du conseil, a posé l   question   ainsi qu'il suit :

Le nommé

L   question   ayant été définitivement posée   en public et en présence de l'accusé [1], ce dernier a été reconduit par son escorte à la prison.

Le conseil, après avoir délibéré à huis-clos, en présence seulement du commissaire du gouvernement, le président ayant recueilli les voix, en commençant par le grade inférieur et par le moins ancien dans chaque grade, et ayant émis son opinion le dernier, déclare (à l'unanimité ou à la majorité de 6 ou de 5 voix sur 7), que le nommé (noms et prénoms de l'accusé) est coupable de. . . .

Sur quoi le commissaire du gouvernement a fait son réquisitoire pour l'application de la peine; les voix recueillies de nouveau par le président dans la forme indiquée ci-dessus. . . .

Le (1er ou 2e) conseil de guerre permanent (faisant droit ou sans faire droit) audit réquisitoire, condamne (à l'unanimité ou à la majorité de 6 ou de 5 voix sur 7), le nommé. . . . . . (*nom et prénoms de l'accusé*), à la peine de. . . conformément aux articles (les transcrire en entier.)

[2] Condamne aussi ledit. . . . . en tous les frais de l'instruction et du présent jugement, liquidés à la somme de. . . . . francs, confor-

1 Il faudra poser la question ou les questions pour chacun des accusés, s'ils sont plusieurs.

2 Ce paragraphe et les trois suivants devront être retranchés, si le jugement n'a donné lieu à aucun frais.

mément à l'article 194 du Code d'instruction criminelle, dont la teneur suit :

« Art. 194. Tout jugement de condamnation rendu contre le prévenu et contre les personnes civilement responsables du délit, ou contre la partie civile les condamnera aux frais, même envers la partie publique.

« Les frais seront liquidés par le même jugement »

Ordonne que le recouvrement des frais et dépens ci-dessus liquidés, sera poursuivi contre ledit condamné sur ses biens présents et à venir, poursuite et diligence des préposés de l'enregistrement et des domaines.

Enjoint au rapporteur de lire de suite le présent jugement au condamné, en présence de la garde assemblée sous les armes, de l'avertir que la loi lui accorde un délai de vingt-quatre heures pour se pourvoir en révision, et, au surplus, de faire exécuter ledit jugement dans tout son contenu.

Ordonne, enfin, qu'il en sera envoyé, dans les délais prescrits par les articles 39 et 40 de la loi du 13 brumaire an V (3 novembre 1796), à la diligence du président et à celle du rapporteur, une expédition tant au ministre de la marine qu'au commandant (de l'escadre ou de la division), au commissaire des armements du port d. . . . . et au directeur-général de l'enregistrement et des domaines [1].

1 Ces derniers mots seront retranchés, s'il n'y e pas eu de frais.

Fait, clos, jugé et prononcé sans désemparer, en séance publique, à bord d. . . . . . les jour, mois et an que dessus , et les membres du conseil ont signé, avec le rapporteur et le greffier. le présent jugement.   (*Suivent les signatures.*)

Le même jour, à   heure d   le susdit jugement a été lu au condamné en présence de la garde assemblée sous les armes, et l'avons prévenu que la loi lui accorde un délai de vingt-quatre heures pour se pourvoir en révision.

Le Rapporteur.

Par le Rapporteur ,
Le Greffier.

Le conseil permanent de révision ayant par décision du. . . . . . confirmé [1] le jugement ci-dessus, il a reçu son exécution le. . . . . à bord d. . . . . . en présence de l'équipage [2].

Le Rapporteur ,

Par le Rapporteur,
Le Greffier,

JUGEMENT

Rendu par le (1ᵉʳ ou le 2ᵉ) conseil de guerre permanent de l'escadre de. . . . . ou de la division navale de. . . . .

PORTANT ACQUITTEMENT.

(Même formule que pour le jugement de con-

1 Les mots qui précèdent seront retranchés, si le condamné ne s'est pas pourvu en révision.

2 Si le jugement a été annulé, on mettra au bas de la minute du jugement : *Le jugement ci-dessus a été annulé par décision du conseil de révision en date du.* . . . . .

damnation, sauf qu'après la position des ques-
tions on mettra :)

Le (1er ou 2e) conseil de guerre permanent déclare à (l'unanimité ou la majorité de 6, de 5 ou de 4 voix , ou à la minorité suffisante de 3 voix contre 4), que l'accusé n'est pas coupable.

Ordonne , en conséquence, qu'il sera mis en liberté aussitôt après l'expiration du délai prescrit par l'article 12 de la loi du 18 vendémiaire an VI (Page 437). et s'il n'est détenu pour autre cause.

Fait, clos, etc.   (Signatures.)

Le même jour, le jugement ci-dessus a été lu à l'acquitté, en présence de la garde assemblée sous les armes.   *Le Rapporteur,*

Par le Rapporteur,
Le Greffier,

DÉCISION

Du conseil permanent de révision de l'escadre d. . . . . ou de la division d. . . . séant à bord d. . . . .

PORTANT ANNULATION.

AU NOM DU PRÉSIDENT DE LA RÉPUBLIQUE.

Louis-Napoléon , président de la République française, à tous présents et à venir, salut :

Le conseil permanent de révision de l'escadre d. . . . . ou de la division navale d. . . . . . séant à bord d. . . . ., créé en exécu-

tion de l'ordonnance du 22 mai 1816, et du décret du 26 mars 1852 , et composé, conformément à ladite ordonnance [1]

    de **MM.**

. . . . président.

. . . .)
. . . . > juges.
. . . .)
. . . .

    Tous cinq nommés par **M.** le commandant en
chef de l'escadre de. . . . . ou de la division
navale d. . . . . ., et réunissant les conditions
exigées par l'article 6 de la loi du 9 octobre 1797
(18 vendémiaire an **VI**), assisté de **M.** . . . greffier nommé par le président, en présence de **M.**
. . . . . faisant fonctions de commissaire du gouvernement d'après la nomination du commandant
en chef, s'est réuni, sur la convocation du président, dans le lieu de ses séances, à bord d. . . . .
pour procéder, sur la demande du nommé (*nom,
prénoms et qualité du condamné*) ou de **M.** le commissaire du gouvernement près (le 1er ou 2e) conseil de guerre permanent de l'escadre de. . . .
ou de la division navale d. . . . , à la révision
du jugement qui a condamné ledit. . . . . à la
peine. . . . . pour. . . . .

    La séance publique ouverte, le président à
fait apporter et déposer sur le bureau la loi du
3 novembre 1796 (13 brumaire an **V**) et l'or-

____

1 Voir la note 3, page 452.

donnance du 22 mai 1816, sur l'organisation des conseils de guerre, celle du 9 octobre 1797 (18 vendémiaire an VI) sur l'organisation des conseils de révision.

Il a ensuite ordonné au greffier de lire l'acte de recours en révision, sur quoi le conseil, après avoir entendu le commissaire du gouvernement et le défenseur (s'il se présente),

Considérant que ce recours a été fait dans les délais fixés par la loi, a dit qu'il y avait lieu de statuer.

Alors le greffier a donné lecture de toutes les pièces de la procédure au nombre de. . . . le jugement compris.

Cette opération terminée, M. . . . . . . l'un des membres du conseil nommé rapporteur de cette affaire par décision du. . . . . . a été entendu ; le défenseur (s'il y en a eu), a présenté ses observations; le commissaire du gouvernement a fait ses réquisitions.

Sur quoi, le conseil de révision, après avoir délibéré à huis-clos (faisant droit ou sans faire droit auxdites réquisitions), considérant (énoncer ici les motifs qui donnent lieu à l'annulation, transcrire le texte de la loi violée) ;

Par ce motif, le conseil permanent de révision (à l'unanimité ou à la majorité de 4 ou de 3 voix sur 5), annule le susdit jugement , et par suite tout ce qui s'est ensuivi, conformément aux articles 16 et 17 de la loi du 9 octobre 1797 (18 vendémiaire an VI), ainsi conçu :

« Art. 16. Le conseil de révision prononce à la majorité des voix l'annulation des jugements, dans les cas suivants, savoir :

1° Lorsque le conseil de guerre n'a point été formé de la manière prescrite par la loi ;

2° Lorsqu'il a outrepassé sa compétence, soit à l'égard des prévenus , soit à l'égard des délits dont la loi lui attribue la connaissance ;

3° Lorsqu'il s'est déclaré incompétent pour juger un prévenu soumis à sa juridiction ;

4° Lorsqu'une des formes prescrites par la loi n'a point été observée, soit dans l'information , soit dans l'instruction ;

5° Enfin, lorsque le jugement n'est pas conforme à la loi dans l'application de la peine.

« Art. 17. Le conseil de révision ne peut connaître du fond de l'affaire; mais il est tenu d'annuler le jugement, lorsqu'il est attaqué d'un des vices spécifiés en l'article précédent. »

Renvoie l'accusé devant le (1er ou 2e) conseil de guerre permanent d. . . . . . . ; charge le rapporteur de transmettre dans les vingt-quatre heures, à ce conseil, la présente décision avec toutes les pièces de la procédure ; charge également le rapporteur d'adresser copie de ladite décision, tant au ministre de la marine et des colonies, qu'au conseil de guerre qui a rendu le jugement ainsi annulé.

Fait, jugé et prononcé sans désemparer, en séance publique, à bord d. . . . . le. . . . . et les juges ont signé tous cinq avec le greffier.

(Signatures)

DÉCISION

Du conseil permanent de révision de l'escadre de. . . . ou de la division navale de. . . . séant à bord d. . . .

PORTANT CONFIRMATION.

(*Même formule que pour la décision portant* annulation, *sauf qu'après ces mots :* faisant droit ou sans faire droit auxdites réquisitions, *on mettra*) :

Vu que le conseil de guerre était compétent; que l'information et l'instruction ont été régulièremeut faites, et que la loi a été bien appliquée, déclare (à l'unanimité, ou à la majorité de 4 ou de 3 voix sur 5), que le jugement rendu contre le nommé. . . . . . est confirmé, et qu'il aura sa pleine et entière exécution.

Le rapporteur demeure chargé de transmettre au conseil de guerre la présente décision, avec toutes les pièces de la procédure.

Ainsi jugé et prononcé, etc.

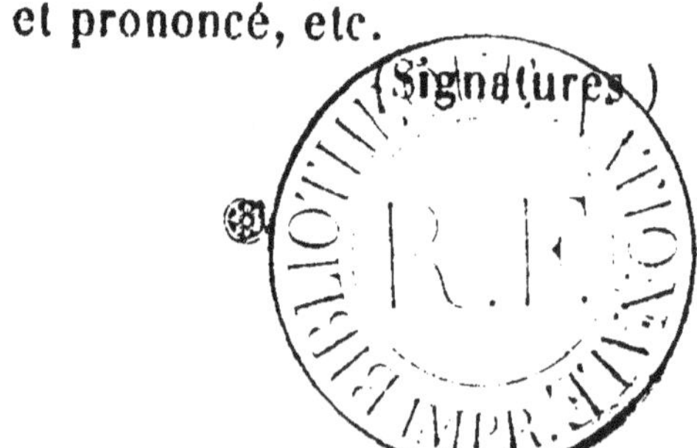